AF384531

FACULTÉ DE DROIT DE STRASBOURG.

ACTE PUBLIC

PRÉSENTÉ ET SOUTENU

Le jeudi 30 août 1838, à midi,

POUR OBTENIR LE GRADE DE LICENCIÉ EN DROIT,

PAR

ALFRED SCHNÉEGANS,

DE LYON (RHÔNE),

BACHELIER ÈS LETTRES ET EN DROIT.

STRASBOURG,

IMPRIMERIE DE G. SILBERMANN, PLACE SAINT-THOMAS, 3.

1838.

A MON GRAND-PÈRE.

Gage de reconnaissance et d'attachement.

ALFRED SCHNÉEGANS.

FACULTÉ DE DROIT DE STRASBOURG.

M. RAUTER, Doyen.

Président, M. Schützenberger.

Examinateurs.
MM. Schützenberger,
Kern, Doyen honoraire,
Bloechel,
Professeurs.
Rau, Professeur suppléant.

*La Faculté n'entend approuver ni désapprouver les opinions
particulières au candidat.*

DROIT CIVIL.

DES QUALITÉS REQUISES POUR CONTRACTER MARIAGE, ET DE SES FORMALITÉS.

(Art. 144, 170 du Code civ.)

INTRODUCTION.

Parmi les contrats que les hommes sont capables de conclure, le plus important sans contredit, celui qui touche de plus près à l'organisation et au développement de la société, c'est le *contrat de mariage*[1].

« Le mariage dérive immédiatement du droit naturel; mais les institutions naturelles, tant qu'elles demeurent dans leur forme primitive, ne peuvent s'adapter exactement à la civilisation. Si dans les choses sur lesquelles les sens peuvent exercer un empire tyrannique, l'usage de nos facultés n'eût été constamment réglé par des lois; il y a longtemps que le genre humain eût péri par les moyens mêmes qui lui ont été donnés pour se reproduire et se conserver (Locré). »

[1] Nous n'entendons parler ici que du mariage lui-même, et non de l'autre acception de cette expression *contrat de mariage*, qui signifie les conventions relatives aux biens des époux.

1

Aussi, dès l'antiquité la plus reculée, nous voyons le mariage couvert de la protection de la loi, et entouré de précautions et de formes solennelles, propres à ajouter encore à sa majesté.

Les Romains, dont la législation, à tant d'égards si parfaite, a servi de fondement à la nôtre, ne s'étaient pas mépris sur la haute importance de la matière qui nous occupe; ils avaient consacré au mariage des rites dont la solennité variait suivant la qualité des époux. Mais leur premier acte ayant été un acte de violence et la force se trouvant être la base de leur gouvernement, ce funeste principe laissa des traces jusque dans la hiérarchie domestique et conjugale. De là le concubinage légal, la répudiation et le divorce.

La religion chrétienne nous a préservés du premier de ces fléaux; elle s'est élevée longtemps en vain contre la répudiation que nos anciens rois employaient tour à tour pour flatter leur ambition ou leurs passions, et dont les conséquences ont été souvent si fatales à la France[1]. Enfin la sagesse du législateur, égarée un instant, mais bientôt rappelée aux vrais principes par des exemples déplorables, a effacé le divorce de nos codes.

Sous l'ancien régime, où les institutions civiles et religieuses étaient unies par un lien si intime, l'Église, qui avait élevé le mariage à la dignité du sacrement, s'était cru obligée de réclamer le privilége d'apprécier les qualités nécessaires pour le recevoir : elle s'était chargée exclusivement et des formalités préparatoires, et de la célébration même de l'union de l'homme avec la femme. Des ordonnances royales, rendues à diverses époques, lui avaient confirmé un droit qui n'avait que peu d'inconvénients tant qu'une seule religion fut professée en France. Le changement de notre constitution, dont un des premiers principes fut la liberté des cultes, permit de séculariser la législation. Le Code

---

[1] On se rappelle que le roi de France Louis VII répudia sa femme Éléonore à son retour de Palestine, et que cet acte peu politique nous fit perdre pour longtemps une de nos plus belles provinces.

a réglé d'une manière expresse les qualités et empêchements, ainsi que les formes à suivre pour contracter mariage : aussi cette matière, autrefois si compliquée, est devenue simple et facile depuis que la loi ne la considère plus que civilement. C'est aussi sous ce seul rapport que nous l'envisagerons ici, et nous ne nous occuperons du Droit canonique qu'accessoirement et sous le point de vue de l'histoire.

Nous définirons le mariage avec un jurisconsulte célèbre : « La société de l'homme et de la femme, qui s'unissent pour perpétuer leur espèce, pour s'aider par des secours mutuels à porter le poids de la vie et pour partager leur commune destinée. »

La partie de notre travail qui lui est consacrée sera divisée en deux chapitres. Le premier traitera des qualités et conditions requises pour contracter mariage. Nous rattacherons à ce chapitre l'âge compétent, le consentement des contractants et celui des personnes sous la puissance desquelles ceux-ci se trouvent relativement à cet acte, enfin les empêchements légaux. Dans le second, nous développerons les formalités de sa célébration. À cette deuxième division viendront se lier les publications préparatoires, les règles pour le domicile, etc.

CHAPITRE PREMIER.

DES QUALITÉS ET CONDITIONS REQUISES POUR CONTRACTER MARIAGE.

§ 1er. *De l'âge.*

La loi exige généralement de ceux qui veulent passer un contrat, certaines qualités qui doivent servir de garantie tant aux parties mêmes qu'à l'ordre public.

La première précaution que sa prudence devait prendre dans un acte dont le but principal est la perpétuité des familles, était la fixation d'une limite d'âge en deçà de laquelle il fût défendu de se marier.

4

La nature, il est vrai, n'a pas marqué d'une manière uniforme le moment où l'homme voit se développer en lui cette virilité qui le rend propre à reproduire son espèce. D'un autre côté il eût été absurde de contraindre la loi à épier auprès de chaque individu l'instant où il sera habile à devenir père.

Le législateur devait donc, en se rendant compte des circonstances du climat et de l'époque moyenne de la puberté chez les deux sexes, fixer une règle invariable et uniforme. C'est ce qu'il a fait dans l'art. 144 du Code civil.

« L'homme avant dix-huit ans révolus, la femme avant quinze ans révolus, ne peuvent contracter mariage. »

C'était une importante réforme de l'ancien Droit, qui avait emprunté de l'Italie une limite de douze à quatorze ans, évidemment insuffisante pour un pays plus septentrional[1].

Le Code (art. 145) prévoit cependant le cas où il serait utile de déroger à la loi commune, et, par une exception que réclamait quelquefois l'honneur des familles, il a donné au chef de l'État la faculté d'accorder des dispenses d'âge pour des motifs graves. L'arrêté du 20 prairial an XI nous indique les formes à suivre pour obtenir cette faveur.

Néanmoins il a toujours été d'usage de ne l'accorder que lorsqu'il n'y a pas plus d'un an de différence entre l'âge réel des futurs époux et celui fixé par la loi.

§ 2. *Du consentement des parties contractantes.*

« Il n'y a point de mariage lorsqu'il n'y a point de consentement. » Ainsi s'exprime le Code au sujet de cette condition importante. Nous

---

[1] Aussi arrivait-il rarement que les parents profitassent de la latitude de ces dispositions, et quand des convenances de famille les y obligeaient, on séparait d'habitude les époux jusqu'à ce qu'ils eussent atteint la maturité d'un âge plus avancé.

La loi du 20 septembre 1792 n'avait pas fait assez en reculant l'âge compétent d'un an pour les deux sexes.

avons vu qu'en certains cas on pouvait être relevé de l'incapacité rela-
tive à l'âge; nous verrons plus bas que, passé vingt et un et vingt-cinq
ans, le consentement des parents n'est plus une condition essentielle,
à la charge toutefois de remplir certaines formalités; mais aucune res-
triction n'a pu être apportée au principe du consentement entre les
parties contractantes. La loi montre même une juste susceptibilité à
cet égard : elle veut que cet acte soit libre, exempt de violence et d'erreur, et elle donne à l'époux qui a manqué de cette faculté action pour
attaquer le mariage et en faire prononcer la nullité.

Cependant ce principe si juste n'est pas toujours d'une application
facile. Quand la violence est physique, comme en cas de rapt, il est
évident, ce nous semble, qu'un contrat entaché d'un tel vice doit être
rescindé, surtout si la contrainte a duré jusqu'au moment de la célébration. Mais il est une autre espèce de violence que l'on peut nom-
mer *morale*, et ici le jurisconsulte se trouve arrêté à chaque pas par
de nombreuses difficultés.

Dans les discussions qui, au conseil d'État, ont précédé la rédaction
définitive de cette partie du Code, les difficultés, au lieu de s'aplanir,
n'ont fait qu'augmenter, et, faute de pouvoir s'entendre, on a laissé
aux tribunaux le soin d'expliquer la lettre si laconique de la loi.

Cependant les règles générales ont été tracées à la sect. 1re, chap. II,
du titre des contrats et obligations[1].

C'est donc à leur prudence éclairée de ces données, que les juges de-
vront s'adresser.

Relativement à l'*erreur* nous croyons, avec MM. Portalis et de Malle-
ville, qu'elle doit tomber sur la personne même, afin de former une
nullité.

Quant aux interdits et aux sourds-muets, dont, à dessein peut-être,

---

[1] Art. 1112. Il y a violence lorsqu'elle est de nature à faire impression sur une
personne raisonnable, et qu'elle peut lui inspirer la crainte d'exposer sa personne
ou sa fortune à un mal considérable et présent.

le Code n'a pas parlé dans cet article, les difficultés doivent être tranchées par ces mots : *Lorsqu'il n'y a point de consentement.* Or, l'interdit ne peut donner de consentement valable ; il se trouve ici dans une position bien inférieure au mineur, et ne peut contracter mariage. A l'égard du sourd-muet, il nous semble qu'il ne sera frappé d'aucune incapacité, toutes les fois qu'il pourra exprimer clairement son consentement. C'est un progrès sur le Droit romain et sur notre ancien Droit, qui le regardaient comme exclu du mariage.

§ 3. *Du consentement des personnes desquelles on dépend relativement au mariage.*

On a pu remarquer déjà que l'acte du mariage peut précéder de plusieurs années l'entier développement des facultés morales de l'homme. C'est donc une mesure protectrice pour les époux eux-mêmes, que celle qui leur prescrit d'obtenir le consentement de leurs ascendants et des autres personnes qui, en certains cas, ont autorité sur eux.

En pays de Droit écrit, le consentement de la mère n'était pas exigé pendant la vie du père. La volonté de ce dernier était alors toute puissante.

« Aujourd'hui, dit M. de Portalis, dans son discours au conseil d'État, ces idées de puissance ont été remplacées par d'autres ; on a plus d'égard à l'amour des pères et à leur prudence qu'à leur autorité. De là ce concours simultané des parents, au même degré, pour remplir les mêmes devoirs et exercer la même surveillance. Un tel système adoucit et étend la magistrature domestique sans l'énerver. Il communique le même droit à tous ceux qui sont présumés avoir le même intérêt. Il ne relâche pas les liens de famille, il les multiplie et les ennoblit[1]. »

----

[1] Voyez arrêt de la Cour de Riom ; Sirey, 1818, 2ᵉ part., p. 41.

Cependant la loi, en haine des discussions interminables, a décidé que la prééminence du sexe devait assurer la prépondérance du suffrage au père. Si le père ou la mère est mort, ou si l'un des deux est dans l'impossibilité de manifester sa volonté, le consentement de l'autre suffit.

Un père condamné à une peine afflictive et infamante, ne peut, pendant la durée de cette peine, manifester sa volonté (art. 29 du Code pénal). Mais s'il était condamné par contumace, faudrait-il, dans le cas où il serait encore dans les cinq ans, demander son consentement ou constater son absence. L'affirmative nous paraît très-soutenable.

L'interdit et l'absent ne peuvent: le premier, donner de consentement; le second, le manifester.

Dans le cas de prédécès du père, le consentement de la mère suffit, quand bien même elle serait remariée. Je crois qu'il n'en serait plus ainsi, si la mère qui a convolé en secondes noces n'avait pas été maintenue dans la tutelle. Je m'appuierai de l'opinion de M. Delvincourt[1].

Si le père et la mère sont morts, ou s'ils sont dans l'impossibilité de manifester leur volonté, les aïeuls et aïeules les remplacent (art. 150). Il est évident que cet article s'appliquerait également aux ascendants d'un degré supérieur, à défaut de ceux-ci.

Dans l'appréciation de la puissance qu'aurait une de ces personnes, de valider le mariage par son consentement ou de s'y opposer, le législateur a toujours été plus favorable au mariage, quand il pouvait y avoir le plus léger doute.

Ainsi, dans le cas où l'un des aïeuls et son conjoint refuseraient, et où l'aïeule veuve de l'autre ligne donnerait son approbation, celle-ci qui représente seule sa ligne l'emporterait, en vertu de l'article qui veut que le partage emporte le consentement.

---

[1] M. Duranton est d'un avis contraire ; mais il nous semble que la mère privée de la tutelle a reçu par là une marque de peu de confiance, qui doit lui ôter son omnipotence dans l'acte dont nous parlons.

A défaut d'ascendants aucuns, la loi rend aux enfants de famille leur libre arbitre. Ils sont bien obligés d'obtenir le consentement du conseil de famille; mais la majorité ordinaire qui les affranchit de la puissance du tuteur leur ôte également, sans différence de sexe, cette dernière entrave (art. 160). L'enfant naturel non reconnu ou qui après l'avoir été, a perdu ses père et mère, est assimilé pour le mariage aux enfants de famille, à la différence qu'il lui est nommé un tuteur *ad hoc*. On suppose que le conseil qui nommera ce tuteur sera composé d'amis de l'enfant naturel, ou, s'il a été reconnu, de personnes connues pour avoir eu des relations d'amitié avec les parents décédés. Le tuteur ordinaire pourrait être spécialement autorisé à consentir au mariage.

L'autorité paternelle est un lien que le Code peut relâcher, mais dont il n'a jamais dû affranchir entièrement les enfants. Avant tout, la loi doit être morale, et ce n'est pas par son approbation que la transition subite de l'âge de vingt-quatre à vingt-cinq ans mettrait tout à coup les enfants hors de l'atteinte du blâme paternel (art. 371 du Code civil). De là certaines obligations à remplir de leur part envers leurs parents, quand même leur âge les autorise à se marier sans le consentement d'autrui.

L'ancienne législation avait compris cette haute convenance : une ordonnance de 1556 punissait les enfants rebelles à ce principe et remettait la répression entre les mains des pères, en les autorisant à l'exhérédation et à la révocation des donations et autres avantages par eux faits à leurs enfants. Plus tard, on enjoignit à ces derniers de se mettre en devoir de requérir l'avis et le conseil de leurs père et mère. Enfin, en 1639, on trouva la sanction pénale insuffisante; en conséquence les mariages faits en contravention de l'ordonnance furent déclarés déchus des effets civils à l'égard des contractants et de leurs enfants. Un arrêt de règlement du parlement de Paris, du 27 août 1692, imposait à l'enfant l'obligation d'obtenir un jugement qui l'autorisât à requérir ce consentement. Cette disposition fut abrogée; on n'a pas besoin, fut-il dit à cette occasion, d'être autorisé à faire son devoir. L'arrêt précité avait aussi apporté une heureuse modification à la qualité des personnes employées à faire cet acte : il substitua à l'office des huissiers celui des notaires, dont le caractère moins hostile se prête mieux à ce message de conciliation.

Le Code ne fit donc que conserver en substance l'ancien Droit, en instituant les *actes respectueux*. Il ne fit que changer par un sentiment de bon goût le mot de *sommation*, qui pourrait effaroucher quelques personnes susceptibles, en celui d'*actes respectueux*, qui ne peut éveiller aucune irritation. Du reste, il conserva l'office des notaires, régla le nombre de ces actes, ainsi que les personnes auxquelles ils doivent être présentés. Depuis la majorité fixée par l'art. 148, dit le Code, jusqu'à l'âge de trente ans accomplis pour les fils, et jusqu'à l'âge de vingt-cinq ans accomplis pour les filles, l'acte respectueux prescrit par l'article précédent, et sur lequel il n'y aurait pas de consentement au mariage, sera renouvelé deux autres fois de mois en mois, et un mois après le troisième acte il pourra être passé outre à la célébration du mariage (art. 152). Après l'âge de trente ans il pourra être, à défaut de consentement sur un acte respectueux, passé outre un mois après à la célébration du mariage. Les articles suivants indiquent ce qu'il faut faire en cas d'absence des ascendants; présenter le jugement déclaratif d'absence, celui d'enquête, s'il en a été fait, et, à défaut, un acte de notoriété : telles sont les mesures à prendre pour suppléer, en ce cas, au consentement des ascendants.

Enfin ces dispositions ont été appuyées d'une peine prononcée contre les officiers de l'état civil, qui, sans s'assurer de leur accomplissement, prêteraient l'appui de leur caractère à un mariage. L'art. 156 a prononcé contre eux une amende de 300 fr. et un emprisonnement qui ne pourra être moindre de six mois, dans le cas de célébration sans les consentements requis de mariages entre mineurs de vingt-cinq et vingt et un ans, et en prononçant la même amende et un emprisonnement d'un mois, quand il n'y aura pas eu d'actes respectueux.

§ 4. *Des empêchements au mariage.*

Suivant les principes de la législation romaine, tout empêchement établi par la loi rendait le mariage nul de plein droit (*Institutes 12, de nuptiis et L. 5 au Code de Legibus*).

Il n'en est pas de même chez nous. Certains empêchements, quoique prononcés par la loi, ne vicient pas le mariage au point d'en faire prononcer d'office la nullité. D'autres, au contraire, ont une telle force, qu'ils entachent le fait accompli, malgré eux, d'une nullité absolue. La doctrine a nommé les premiers empêchements *prohibitifs*, les autres empêchements *dirimants*. Nous allons successivement traiter les empêchements de l'une et l'autre espèce.

Empêchements de parenté.

Parmi ces prohibitions, plusieurs sont si fortes et si naturelles, qu'elles ont agi presque par toute la terre, indépendamment de toute communication.

C'est, pour ainsi dire, sous la dictée du Droit naturel que la loi a écrit la défense du mariage entre la mère et le fils, le père et la fille. Il en est de même de l'union entre frères et sœurs; nous ne connaissons que les Perses et les Égyptiens qui aient toléré chez eux de semblables alliances. La loi de Moïse les autorisait aussi. Il semblerait que la loi eût dû s'arrêter ici; mais ayant égard à l'intime affinité qui unit d'autres personnes, elle s'est opposée au mariage entre certains parents moins rapprochés. Les Romains ne permettaient pas le mariage entre l'oncle et la nièce, la tante et le neveu; plus tard Théodore-le-Grand défendit même, à la fin du quatrième siècle, les mariages entre cousins-germains.

Dans notre ancien Droit ces prohibitions étaient fort étendues, et la discipline ecclésiastique avait beaucoup varié sur ce point à différentes époques; elle mettait obstacle à l'union conjugale entre cousins issus de germains, et même entre personnes qui avaient tenu ensemble un enfant sur les fonds baptismaux, et les dispenses que donnaient, en certains cas, les ministres de l'Église, avaient engendré les abus les plus scandaleux. La loi de 1792 avait voulu trancher le mal dans sa racine; elle avait borné les empêchements aux parents et alliés dans la ligne directe, et aux frères et sœurs dans la ligne collatérale. Il n'y eut donc plus sous son empire aucune prohibition pour les degrés de parenté auxquels pouvaient s'appliquer des dispenses. Le Code civil s'est avec justice montré moins relâché; il interdit encore aujourd'hui le mariage entre l'oncle et la nièce, le neveu et la tante, sauf le cas de dispenses accordées pour des causes graves [1].

De ces prohibitions prononcées par la loi en découlent plusieurs autres. L'adoption imitant la nature par une fiction légale, le mariage ne sera pas permis :

Entre l'adoptant, l'adopté et ses descendants (art. 348) ;

Entre les enfants adoptifs d'un même individu ;

Entre l'adopté et les enfants qui pourraient survenir à l'adoptant ;

Entre l'adopté et le conjoint de l'adoptant, et réciproquement entre l'adoptant et le conjoint de l'adopté.

L'art. 84 permet aux époux, à tous ceux qui y ont intérêt et au ministère public, d'attaquer les mariages conclus en contravention de ces dispositions.

Nous allons rapidement passer en revue quelques autres empêchements au mariage.

1. *Empêchement d'un mariage subsistant.* La loi permet à la personne engagée par un mariage, à former opposition à la célébration d'un second mariage par son conjoint (art. 172). Le Code pénal punit ce crime des travaux forcés à temps (art. 340 du Code pénal).

[1] La loi de 1832 a étendu le bénéfice des dispenses au mariage entre beaux-frères et belles-sœurs.

2.

2. La femme ne peut contracter un nouveau mariage qu'après dix mois révolus depuis la dissolution du mariage précédent. Cette mesure était nécessaire par le besoin de constater d'une manière certaine l'état des enfants, d'empêcher toute confusion.

3. *La mort civile.* Cet accessoire d'une peine perpétuelle, a, quant au mariage, les mêmes effets que la mort naturelle.

4. *Le divorce,* qui empêche les époux divorcés de se réunir. La loi de 1816 a aboli le divorce; mais l'empêchement entre époux précédemment divorcés subsiste, je crois, toujours.

5. *Crime d'adultère,* qui après le divorce prononcé empêche l'époux adultère d'épouser son complice.

6. *Défaut de consentement,* du chef de l'État au mariage des princes du sang (sénatus cons., 28 floréal an XII; statut impér., 30 mars 1806).

7. *Défaut de consentement,* du ministre de la guerre ou de la marine pour les officiers, et du conseil d'administration de leurs corps pour les sous-officiers et soldats (décret du 16 juin 1808; avis du conseil d'État du 3 août même année; *id.* du 28 août même année; *id.* du 21 décembre même année).

8. *Condamnation à une peine afflictive et infamante,* qui met le condamné, pendant la durée de sa peine, en état d'interdiction légale.

9. *Engagement dans les ordres sacrés.* Il ne nous appartient pas ici de traiter la question si grave du mariage des prêtres. Nous ferons observer seulement qu'il existe une contradiction apparente entre le Code, qui ne le défend nulle part, et la jurisprudence, qui semble vouloir l'interdire en se fondant sur le concordat. Si la morale et la sûreté des familles s'élèvent avec justice contre le mariage de ces personnes, il semble qu'il eût été facile au législateur de traduire la voix publique en un article du Code.

10. *Impuissance.* Nous ne nous étendrons pas davantage sur ce dernier empêchement, qui, sous le régime de notre ancien Droit, donnait naissance à de scandaleux procès. Aujourd'hui il nous semble passé en force de chose jugée, que l'impuissance naturelle n'est pas une prohi-

bition au mariage, à cause de la difficulté et du peu de décence de semblables recherches.

Cependant presque tous les jurisconsultes pensent que si l'impuissance provenait d'un accident (chose bien plus facile à constater), le mariage pourrait être attaqué par l'époux conjoint, si cet accident avait été ignoré avant la célébration.

CHAPITRE II.

DES FORMALITÉS RELATIVES A LA CÉLÉBRATION DU MARIAGE.

§ 1ᵉʳ. *Formalités qui doivent les précéder.*

Le mariage n'est pas seulement l'affaire de deux époux, il intéresse leurs familles et la société, il est susceptible d'empêchements et d'oppositions; il faut donc qu'il soit connu avant même d'être contracté.

L'ordonnance de Blois avait prescrit pour toute personne, de quelque condition qu'elle fût, une proclamation de bans faite par trois divers jours de fêtes. On ne pouvait obtenir de dispense que des deux derniers bans, et seulement pour quelque cause urgente et légitime.

La loi de 1792, que nous avons si souvent citée, ordonnait une seule publication affichée pendant huit jours à la porte de la maison commune.

Le Code a pris un moyen terme : il prescrit deux publications, faites à huit jours d'intervalle; un extrait de cet acte restera affiché à la porte de la maison commune pendant les huit jours d'intervalle de l'une à l'autre publication. Le mariage ne pourra être célébré avant le troisième jour, depuis et non compris celui de la seconde publication. Il est encore à ce sujet accordé au chef de l'État le droit de dispenser, pour des motifs graves, de la seconde publication; mais comme ces demandes, adressées directement, pourraient entraîner des délais fort longs, le décret du 20 prairial an XII donne aux procureurs du roi le pouvoir d'accorder cette dispense, à la charge de rendre compte des motifs au ministre de la justice.

Les publications doivent être faites à la municipalité du lieu où chacune des deux parties contractantes a son domicile. Ce domicile ne se détermine pas par les règles ordinaires du Code; en vue de la faveur accordée au mariage, la loi (art. 174) déclare qu'il s'établit, quant à cet acte, par un mois d'habitation continue dans la même commune. Dans ce dernier cas, cependant, les publications doivent également être faites à la municipalité du dernier domicile (art. 167).

Enfin, pour ne négliger aucun moyen de publicité, le Code (art. 168) demande encore la formalité des publications par les parties contractantes qui seraient relativement au mariage en puissance d'autrui, à la municipalité du domicile des personnes sous la puissance desquelles elles se trouvent (art. 168). Une autre précaution est prise par la loi, au sujet du mariage d'un Français en pays étranger; après lui avoir imposé les publications à son domicile en France, elle veut encore que, dans les trois mois de son retour sur le territoire du royaume, il fasse transcrire son acte de mariage sur le registre public de son dernier domicile.

§ 2. *Des pièces à produire.*

1. L'acte de naissance, ou, à défaut de pouvoir le faire, un acte de notoriété délivré par le juge de paix du lieu de la naissance, signé de sept temoins et homologué par le tribunal de première instance.

2. Les certificats de publications.

3. L'acte constatant le consentement des ascendants ou de la famille.

4. A défaut de consentement, les actes respectueux.

5. Le jugement qui a prononcé l'absence des ascendants dont le consentement était requis.

6. Une expédition des dispenses quand elles ont été obtenues.

7. Un certificat constatant l'absence d'oppositions ou leur main levée, s'il y en a eu.

§ 3. *Des formalités qui accompagnent le mariage.*

Ici nous n'avons plus qu'à rapporter les dispositions du Code.

« Le mariage se fera dans la maison commune par l'officier de l'état civil, en présence de quatre témoins.

« L'officier recevra de deux futurs conjoints la déclaration qu'ils veulent se prendre pour mari et femme, les déclarera unis au nom de la loi et en dressera acte sur le champ (art. 75). »

Le Code n'a ajouté aux formalités établies par la loi du 20 septembre 1792, que l'obligation de la part de l'officier de l'état civil de lire aux parties, avant de les unir, le chap. VI du titre du mariage, qui leur enseigne les droits et les devoirs respectifs des époux. Elle n'admet pas, comme la loi citée ci-dessus, la préférence des témoins qui savent signer, attendu que cette mesure aurait souvent l'inconvénient d'exclure les parents les plus proches.

JUS ROMANUM.

DE RITU NUPTIARUM.

I.

Nuptiæ sunt viri et mulieris conjunctio; individuam vitæ consuetudinem continens.

II.

Tribus olim modis celebrabantur nuptiæ: ex *confarreatione*, ex *coemptione* et ex *usucapione*.

III.

Ut justæ sint nuptiæ, non nullæ requiruntur conditiones, *civitas* nempe, *pubertas*, *contrahentium consensus*, *consensus parentum* in quorum potestate sunt contrahentes, et *connubium*.

IV.

Cives inde Romani solum justis nuptiis conjungi possunt, inter peregrinos conjunctio vocatur *matrimonium*, inter servos *contubernium*.

V.

Apud nos pubertas æstimatur fore : anno decimo quarto in masculis, anno duodecimo in feminis.

VI.

Consensus parentum obtinere debemus, si autem pater furiosus sit, voluntate sua uti non potest.

VII.

Impedimenta nuptiis sunt: *Cognatio, affinitas, publica honestas, dignitas, potestas et crimen*[1].

VIII.

Cognationis causa prohibentur nuptiæ inter eas personas quæ in numero parentum aut liberorum sunt, sive proximi, sive alterius gradus sint, usque ad infinitum.

IX.

Jure gentium incestum committit qui ex gradu ascendentium uxorem duxerit.

X.

Cognatio quæ fit ex adoptione sæpe cognationi naturali assimilatur, ideo adoptivus filius si emancipetur, eam quæ patris adoptivi uxor fuit ducere non potest quia novercæ locum habet.

XI.

Per adoptionem quæsita fraternitas, eousque impedit nuptias donec manet adoptio. Ideoque eam quam pater meus adoptavit et emancipavit, potero uxorem ducere, æque et si me emancipato illam in potestatem retinuerit, poterimus matrimonio jungi.

XII.

In linea vero transversa, prohibentur nuptiæ in tertio gradu, permittuntur in quarto, nisi inter eos sit species parentum et liberorum.

---

[1] Versibus his quatuor exponuntur nuptiarum impedimenta :

Error, conditio, votum, cognatio crimen,
Cultus disparitas, vis, ordo, ligamen, honestas,
Amens, affinis, si clandestinus et impos,
Si mulier sit rapta, loco nec reddita tuto.

XIII.

Affinitatis ratione nuptiæ in linea recta prohibentur in infinitum, in transversa vero prohibentur in secundo gradu, in tertio permittuntur.

XIV.

Honestas est etiam impedimentum nuptiarum (exemplum vidimus jam supra propositione decima) invenimus autem alia. Prohibentur honestatis causa nuptiæ :

Inter sponsum et matrem sponsæ,

Inter patrem et sponsam filii, et inter filium et sponsam patris,

Inter patronam et libertum.

XV.

Dignitatis rationæ prohibitæ sunt nuptiæ senatoris cum libertina vel etiam cum ea quam damnavit publicum judicium.

XVI.

Potestatis causa tutor cum pupilla, curator cum adulta nubere nequit.

XVII.

Crimen denique prohibet nuptias inter raptorem et raptam, et si consensisset.

XVIII.

Vinculum anterioris matrimonii, secundis nuptiis impedimentum, polygamia enim apud nos simultanea non permissa est, polygamia autem ab auctoribus quibusdam haud decore, successiva vocata nulla lege impeditur.

XIX.

Secundæ nuptiæ non quidem prohibitæ sunt nisi quatenus sanguinis turbandi periculum subest, sed tamen parum laudabiles visæ sunt

Romanis. Ideo secundis nuptiis conjux amittit proprietatem rerum omnium acceptarum a primo conjuge, tutelam nec non liberorum, bona denique sub conditione viduitatis donata.

XX.

Periculo sanguinis turbationis causa, mulier vidua, post annum tantum revolutum novas nuptias ducere potest, ex natura autem viro nullum impedimentum hujusce generis.

PROCÉDURE CIVILE.

DES MATIÈRES SOMMAIRES.

(Art. 404 à 413.)

1. Les matières sommaires sont les contestations, qui, à raison de la nature ou de la modicité de leur objet, nécessitent une instruction simple et rapide.

2. L'instruction sommaire est un abrégé de la procédure ordinaire; son principal caractère et ce qui la distingue essentiellement, c'est l'absence des écritures que la loi interdit de signifier.

3. L'art. 404 du Code de procédure énumère les différentes causes qui doivent être instruites sommairement, ce sont :

Les appels des juges de paix[1];

Les demandes pures personnelles, à quelque somme qu'elles puissent monter, quand il y a titre, pourvu que le titre ne soit pas contesté;

Les demandes formées sans titre, quand elles n'excèdent pas 1000 francs[2];

---

[1] Par la loi du 6 juin 1838 la compétence des juges de paix a été considérablement étendue. «Les juges de paix connaissent de toutes les actions personnelles et mobilières en dernier ressort jusqu'à la valeur de 100 fr., et à charge d'appel jusqu'à la valeur de 200 fr.» (art. 1er).

[2] La loi du 13 avril 1838 porte à la valeur de 1500 fr. les actions personnelles et mobilières dont les tribunaux de première instance connaîtront en dernier ressort. L'art. 1er ajoute que ces actions seront instruites et jugées comme matières sommaires. Il faut donc modifier sur ce chef l'art. 404 du Code de procédure.

Si la cause qui ne comprend qu'un intérêt moindre de 1000 fr. (maintenant

Les demandes provisoires ou qui requièrent célérité;

Les demandes en payement de loyers ou fermages et arrérages de rentes.

4. On voit que cette énumération n'est pas limitative : la loi a donné au juge le pouvoir d'apprécier les motifs qui peuvent donner à une cause le caractère d'urgence.

5. Le titre contesté est celui qu'on prétend être nul dans sa substance ou sous le rapport des formes, celui qu'on argue de faux, ou auquel on oppose les exceptions de dol ou de fraude.

6. Les art. 405 et suivants donnent les formes à suivre dans les matières sommaires. Les demandes incidentes ne pourront être formées que par requête d'avoué, qui ne pourra contenir que des conclusions motivées.

L'enquête, quand elle est ordonnée, est réduite à des formes plus simples; elle est verbale. Le tribunal ne nomme pas de juge-commissaire, et les témoins sont entendus à l'audience (art. 407 du Code de procédure. Arrêt de la Cour de cassation du 1er août 1832).

7. Les affaires sommaires ne sont pas dispensées du préliminaire de conciliation en tant que matières sommaires; mais la plupart de ces causes rentrant dans les exceptions spéciales déterminées par le Code de prodécure (art. 49), il n'est pas nécessaire dans ces cas de tenter la conciliation avant d'introduire la demande.

8. Les matières sommaires doivent être communiquées au ministère public, toutes les fois que le Code le prescrit pour les causes ordinaires (art. 83 du Code de procédure).

9. Il ne faut pas confondre les matières sommaires avec les causes que la loi ordonne de juger sommairement. Les premières sont instruits et jugées sommairement; les secondes sont instruites dans la manière ordinaire, et sont seulement jugées hors du tour de rôle.

1500 fr.), au lieu d'être formée sans titre, était fondée sur un titre contesté, elle serait encore sommaire.

10. Une affaire peut être successivement ordinaire et sommaire; dès que l'incident instruit sommairement est vidé, la cause reprend l'instruction ordinaire. Réciproquement on argue de faux un titre : il est reconnu vrai, depuis lors on procède sommairement.

11. Toutes les fois que le Code n'a pas dans ce titre dérogé formellement aux règles ordinaires, ces dernières doivent être appliquées aux affaires sommaires.

DROIT COMMERCIAL.

DE LA SÉPARATION DE BIENS ENTRE ÉPOUX COMMERÇANTS.

La nature des opérations auxquelles se livrent les commerçants, a fait sentir au législateur le besoin d'assujettir à certaines précautions, tout ce qui règle les conventions matrimoniales entre époux dont l'un exerce la profession du négoce.

La base des transactions commerciales est la bonne foi; mais cette bonne foi et la confiance réciproque qui en est la suite, ont besoin d'être, en plusieurs cas, éclairées par la publicité de certains actes, qui peuvent influer d'une manière importante sur le crédit du commerçant. De là les dispositions des art. 67, 68, 69 et 70 du Code de commerce, qui ordonnent la transmission par extrait du contrat de mariage entre deux époux dont l'un est commerçant aux greffes du tribunal civil de l'arrondissement et du tribunal de commerce; son insertion dans un tableau à ce destiné, dans l'auditoire de ces deux tribunaux. Cet extrait doit rester exposé pendant un an. S'il n'y a pas de tribunal de commerce, cet extrait sera affiché dans la principale salle de la maison commune du domicile du mari. Il sera inséré en outre au tableau exposé en la chambre des avoués et notaires, s'il y en a.

Cet extrait énoncera, si les époux sont mariés en communauté, s'ils sont séparés de biens, ou s'ils ont contracté sous le régime dotal. Cependant la loi n'a pas été jusqu'à exiger la publicité du montant de la constitution dotale.

Le notaire qui a fait le contrat est personnellement responsable de la remise ordonnée par le Code; en cas d'omission de sa part, il est condamné à une amende, à des dommages-intérêts si des tiers sont lésés, et à la destitution s'il est prouvé que cette négligence soit la suite d'une collusion.

L'art. 69 impose la même obligation à tout époux séparé de biens ou marié sous le régime dotal qui embrasse la profession de commerçant postérieurement à son mariage, mais seulement dans le cas du régime dotal ou de la séparation de biens.

S'il est marié en communauté, la défiance des tiers intéressés n'a pas besoin d'être éveillée, leurs droits étant garantis par la nature même du contrat.

Le Code de commerce donne (art. 69) un terrible avertissement au négociant qui négligerait ces formalités; en cas de faillite elle le déclare banqueroutier frauduleux.

Enfin, la loi avait donné une espèce de rétroactivité à ses dispositions, en les imposant aux personnes séparées de biens ou mariées sous le régime dotal, qui, à l'époque de la promulgation du Code, exerceraient la profession du commerce. Un délai d'un an leur avait été accordé pour s'y conformer.

Voilà les précautions que la prudence avait fait prendre pour les conventions matrimoniales des époux. Ces dispositions devaient être observées dans le cas d'une modification du contrat de mariage par la séparation de biens.

La séparation de biens est contractuelle ou judiciaire. Quand elle est insérée au contrat, la publicité en est requise comme nous venons de le voir.

La même règle a été imposée à la séparation prononcée en justice.

Le Code de commerce n'a pas dérogé aux formalités ordonnées par le Code civil et le Code de procédure; ainsi: autorisation du président, publicité de la demande par insertions dans des tableaux placés dans l'auditoire des tribunaux et dans les feuilles d'annonces, délai d'un mois entre ces actes et le jugement, sont des formes à observer pour la séparation de biens entre époux commerçants.

Le jugement sera lu publiquement à l'audience du tribunal de commerce, s'il y en a; extrait de ce jugement, contenant la date, la désignation du tribunal où il a été rendu, les noms, prénoms, profession et demeure des deux époux, sera inséré dans un tableau à ce destiné, et exposé pendant un an dans l'auditoire des tribunaux de première instance et de commerce du domicile du mari, *même lorsqu'il ne sera pas négociant,* dit le Code de procédure; *s'il est commerçant,* dit le Code civil, s'il n'y a pas de tribunal de commerce, dans la principale salle de la maison commune du domicile du mari. Pareil extrait sera inséré dans les chambres des avoués et notaires, s'il y en a.

Les effets de la séparation de biens remontent au jour de la demande (art. 1445 du Code civil).

FIN.